Zur Geschichte der zivilistischen Professuren im ersten Jahrhundert der Universität Bonn[1].

Von

Ernst Landsberg.

---

[1] Für den geplanten, aber aufgegebenen zweiten Band der Bonner Universitätsgeschichte hatte ich, außer der in unserer Bergbohm-Festgabe veröffentlichten Geschichte der Kriminalistik, eine möglichst vollständige Geschichte der Zivilistik fertig geschrieben. Das Wichtigste daraus ist in von Bezolds Geschichte der Rheinischen Friedrich-Wilhelms-Universität, Bonn 1920, übergegangen, dort in den Zusammenhang mit der allgemeinen Universitätsgeschichte kunstvoll und lichtvoll eingegliedert. Ich beschränke mich daher hier auf eine Nachlese aus meiner ursprünglichen Darstellung, von einem mir besonders bedeutsam erscheinenden Gesichtspunkt aus, der mehr technischer Natur ist und deshalb bei von Bezold weniger hervortritt.

Zu der Zeit, da die Universität Bonn gegründet wurde, und noch auf Jahrzehnte darüber hinaus galt das römische Recht als wesentlicher Ausgangspunkt, das gemeine Privatrecht als wesentlicher Mittelpunkt jedes juristischen Studiums. In die Begriffswelt des römischen Rechts eingeführt werden, durch die Vorlesung über „Institutionen", hieß, in die Rechtswissenschaft eingeführt werden; die Fülle des gemeinen Rechts in sich aufnehmen, durch die Vorlesung über „Pandekten", hieß, sich das gesamte Privatrecht aneignen, etwa mit einigen Ergänzungen, die als „deutsches Privatrecht" zusammengefaßt wurden. Privatrecht aber galt als der eigentliche Gegenstand des juristischen wissenschaftlichen Studiums überhaupt; ihm dienten auch die zwei historischen Vorbereitungsvorlesungen fast ausschließlich, die römische wie die deutsche Rechtsgeschichte. Daneben erschien der gemeine Zivilprozeß fast nur als eine Art von Praktikum, von Einführung in die Aktenkunde; man verwandte als Lehrer hier gern einen Praktiker, dem man dann auch die ganz elementare Unterweisung für das geltende Landes- oder Provinzialrecht anvertraute. Das öffentliche Recht wurde wohl vorgetragen und wissenschaftlich gepflegt; aber in der allgemeinen Wertschätzung trat es stark zurück. Am höchsten galt da wohl noch praktisch das Strafrecht, wissenschaftlich das Kirchenrecht; Staats- und Völkerrecht ging fast nur engste, durch Vorrecht der Geburt dazu berufene Kreise der Studentenschaft an; als Parade-Ausstattungstück für alle Juristen betonte man freilich immer noch, auch an staatlich maßgebender Stelle, das Naturrecht, jetzt lieber Rechtsphilosophie geheißen.

Unter diesen Umständen war es selbstverständlich, daß die Zivilistik mit dem einen Vertreter, der ihr plan-[1]) und statuten-

---

[1]) Preuß. Geh. Staatsarchiv, Rep. 192 A. VI b. Nr. 3, Kabinettsorder von Hardenberg v. 26. Juni 1818.

gemäß ¹) zugebilligt war, schon von vornherein nicht auszukommen vermochte. Vielmehr hat sie immer mindestens zwei Ordinarien beansprucht. Dahin drängte zugleich ein anderer, in dem wissenschaftlichen Wesen des Faches begründet liegender Umstand, der Gegensatz zwischen historischer und dogmatischer Auffassung, Begabung und Methode. Dieser Gegensatz, wie er im Grundzuge immer wieder gleichartig, in den Erscheinungsformen immer wieder von den wissenschaftlichen Zeitströmungen verschieden ausgestaltet auftritt, ist in beiderlei Beziehungen so bedeutungsvoll, daß es sich lohnen dürfte, die zivilistische Entwicklungsgeschichte der Bonner juristischen Fakultät an der Hand dieses Grundthemas als eine Reihe von Variationen dazu vorzuführen, wobei innerhalb jeder Variation die beiden Motive des Grundthemas verschieden abgetönt erklingen.

Zur Gründungszeit war die Sachlage etwa die: Einerseits erschien als unentbehrlich der „Pandektist" althergebrachten Stils von weitläufiger Rechtskunde und Geschäftserfahrung, der Träger der gemeinrechtlichen Überlieferung, wie man ihn als Mittelpunkt der Fakultät, als Vorsitzenden ihres Spruchkollegiums von Alters her zu sehen gewohnt war, wie man z. B. ein Jahrhundert früher für einen solchen an der neugegründeten Universität Halle durch Berufung von Samuel Stryk neben dem Historiker und Neuerer Christian Thomasius mustergültig zu sorgen verstanden hatte. Andererseits trat gerade damals, nach den Befreiungskriegen, Savignys historische Schule an die Spitze der wissenschaftlichen Bewegung; für die Universität Berlin hatte man sogar gemeint, mit Savigny allein als dem Vertreter des Privatrechts auskommen zu können, was sich tatsächlich durch schwere Gefährdung des Zusammenhangs zwischen Theorie und Praxis rächen sollte. Ohne Vertreter der historischen Schule mußte die junge Fakultät Bonn von vornherein wissenschaftlicher Rückständigkeit verfallen, ohne geschäftsläufig gewandten Zivilisten praktischer Wirkungslosigkeit. Das dringende Verlangen, daß beide Richtungen vollwertig und tüchtig durch je einen Ordinarius besetzt sein müssen, tritt immer wieder, bei jeder Vakanz, in den Erwägungen und Berichten

---

¹) Statuten vom 1. Sept. 1827, § 35, III 4.

von Fakultät und Kuratorium hervor. Nur daß, während man zunächst zweifellos auf einen „Geschäftsmann" alten Schlages für den Dogmatiker angewiesen war, es später eher möglich wird, diesen auch der historischen Schule zu entnehmen, die sich inzwischen zur Beherrscherin nicht minder der Dogmatik entwickelt hat. Eifrige Kuratoren, wie Rehfues oder Beseler, betonen es andauernd, daß nicht·bloß, worauf natürlich die Fakultät selbst im Zeitalter des Historismus das Hauptgewicht zu legen nicht umhin kann, die geschichtliche Pflege der römischen Rechtsentwicklung vertreten sein müsse, sondern daß auch für die Ausbildung tüchtiger, zur Geschäftsbehandlung vorgeschulter, gründlich dogmatisch vorbereiteter Praktiker zu sorgen sei, durch einen umsichtigen, überlegenen Kenner des Privatrechts in allen seinen kasuistischen Verzweigungen. Aber insofern zeigt sich ein gewaltiger Unterschied, je nachdem man (früher, Rehfues) diese Sorge für die Praxis mit Annäherung an das Bequemlichkeitsbedürfnis der Masse zu erkaufen bereit ist, oder (später, Beseler) auf voller wissenschaftlicher Strenge auch hier besteht, wie letzteres natürlich stets der Standpunkt der Fakultät oder doch ihrer geschlossenen Mehrheit ist. Die Überzeugung von der wissenschaftlichen Überlegenheit seiner Schule und Methode bei dem Historiker, die Durchdrungenheit von dem Gefühle unmittelbarerer Brauchbarkeit bei dem Praktiker, der sich leicht lebhafteren „studentischen Applauses" erfreute, hat ja nun freilich in früheren Zeiten nicht selten zu persönlichen Reibungen unerfreulicher Art geführt; aber selbst diese Erscheinungen, so sehr sie zunächst auf Zusammentreffen überlegener Geister mit schwächeren Elementen beruhten, sind doch letztlich nur ein Exponent der allgemeinen Zeitläufte: je mehr die Einseitigkeit des Historismus verschwindet, desto weniger ist davon die Rede und an die Stelle des Streites der Parteien oder gar der Personen tritt gegenseitige Förderung und Ergänzung. In diesem Zeichen sind ja schließlich Romanisten und Germanisten, Dogmatiker und Historiker gemeinsam an die wissenschaftliche Bewältigung und Lehre des neuen deutschen bürgerlichen Rechts, auf Grund des bürgerlichen Gesetzbuches, herangetreten.

Als erstes Paar der nun im einzelnen zu verfolgenden Doppelspieler treffen wir Georg Christian Burchardi[1]) und Mittermaier. Noch ist ersterer nur ein sehr junger und keineswegs vollwertiger Sproß der historischen Schule, der denn auch nur als Privatdozent, aber auf Empfehlung von Savigny hin [2]), nach Bonn geschickt wird und dort, als erster und einziger juristischer Dozent für das Wintersemester 1818/19 erschienen, die Rechtswissenschaft mehr andeutet als vertritt. Noch kann nicht von irgendwelchem Gleichgewicht zwischen ihm, auch nachdem sein Institutionen-Grundriß 1819 veröffentlicht ist und seine Beförderung zum außerordentlichen [3]) sowie alsbald auch zum ordentlichen [4]) Professor stattgefunden hat, und einem Mittermaier die Rede sein. Aber dies entspricht denn doch durchaus der allgemeinen Lage, dem erst langsam sich vollziehenden Aufwuchs der historischen Schule; und auch Mittermaier ist denn doch damals noch keineswegs das, was leider nicht bei uns, sondern erst in Heidelberg aus ihm werden sollte, der leitende Vertreter des politischen, „doktrinären" Liberalismus im deutschen Rechtsleben, der Förderer der internationalen Rechtsvergleichung, die Stütze aller liberal fortschrittlichen Strebungen auf allen juristischen Gebieten. Auch fand die geschichtliche Rechtsauffassung alsbald eine ergänzende Tragkraft in Bonn in der Person von Ferdinand Walter. War dieser auch bekanntlich in der Hauptsache Kanonist und nie als Mitglied der „historischen Schule" im engeren Sinne anerkannt, so hat er doch eine dauernd brauchbare, gründlich gereifte, in philologischen Kreisen heute noch geschätzte „Römische Rechtsgeschichte" geschrieben, die in vielen Auflagen erschienen ist, wie denn auch seine Monographie über die „Lehre von der injuria" (1820) über ein halbes Jahrhundert maßgebend geblieben ist. So war es gewiß durchaus legitimiertermaßen, daß er vom Be-

---

[1]) Burchardis Lebenslauf, leider in meiner Gesch. d. d. RW. (auf die ich sonst dafür ein für allemal verweise, sowie für allgemeine Würdigung der zu nennenden Juristen auf von Bezold, Bonner Universitätsgeschichte) versehentlich ausgefallen, s. in der A. D. B. 47, 379 fg. sowie bei Weyl, Festschrift zum 250 jährigen Bestehen d. Univ. Kiel, S. 35, Nr. 43.
[2]) Brief des Ministers von Altenstein an den Universitätskurator Oberpräsidenten Grafen Solms v. 11. Sept. 1818, hiesige Kuratorialakten 66, 1, Vol. I; darin heißt es, Savigny rühme Burchardi als „sehr geschickt". [3]) 6. September 1819. [4]) 26. Februar 1821.

Zur Geschichte der zivilistischen Professuren der Universität Bonn. 15

ginn seiner hiesigen Tätigkeit ab bis zu deren Ende (1875) ständig auch römische Rechtsgeschichte [1]) hier vorgetragen hat. Vielfach greifen so, höchst erfreulicherweise, die Vorlesungen auch anderer als der Fachordinarien während unseres ganzen Bestandes in die Zivilistik ein, die dadurch manche Verbindung mit anderen Gebieten und abwechslungsreichere Gestaltung erhält.

Unnötig, hier zu erzählen, wieso uns sowohl Burchardi wie Mittermaier so rasch wieder verließen — beide mehr oder weniger direkt vor dem Geiste der politischen Reaktion aus Preußen weichend [2]); Mittermaiers Verlust namentlich war unersetzlich und ist Jahrzehnte hindurch nie ganz verwunden worden. An die Stelle jener beiden tritt ein neues Paar: Mackeldey und Hasse. Dabei ist das wissenschaftliche Wertverhältnis bereits umgestürzt; das entschiedene Übergewicht des Historikers ist eingetreten; Mackeldey, der bereits zum Sommer 1819 hierher kam und bis zu seinem Tode (20. Oktober 1834) in Bonn geblieben ist, sollte sich immer mehr als Fremdkörper innerhalb der wissenschaftlichen Fakultätsstrebungen zeigen.

Wer die Berufung von Ferdinand Mackeldey angeregt und vermittelt hat, ist aus den Akten nicht ersichtlich. Übrigens versteht man wohl, wie es dazu kommen konnte, da der Berufene damals als tüchtiger Pandektenlehrer auf Grund guter Lehrbegabung und bereits reicher Erfahrung im herkömmlichen Stile nicht mit Unrecht galt, auch schriftstellerisch sich in demselben Sinne nicht ohne Erfolg betätigt hatte. Wenn er nur entwicklungsfähig gewesen wäre! Wer freilich seine Dankschreiben für die Berufung an Hardenberg [3]) und den Grafen Solms [4]) liest,

---

[1]) Irrig die Angabe Landsberg, Gesch. d. RW., Noten S. 153, Walter habe auch Pandekten gelesen; die Vorlesungsverzeichnisse nennen nur röm. Rechtsgeschichte, Antiquitäten des röm. Rechts und gelegentlich ein oder anderes Publikum aus diesem Gebiete.

[2]) Burchardi ließ der Kurator ziehen, weil er froh war, in ihm den Mann los zu werden, der die Verteidigung von Arndt übernommen hatte; Mittermaier, den man gern gehalten hätte, ging, weil er die damaligen preußischen Verhältnisse nicht ertrug; vgl. von Bezold a. a. O. S. 198 und S. 192.   [3]) Geh. Staatsarchiv Berlin, Rep. 74 LV 1 Vol. II, fol. 1, v. 30. Dez. 1818. Mackeldey knüpft dabei an bei seinem Vater, der Stallmeister in Diensten des Herzogs Ferdinand von Braunschweig gewesen sei.

[4]) Bonner Kuratorialakten a. a. O. Vol. I, v. 6. Januar 1819.

sieht sofort, daß man einen „Bedienten" des 18., nicht einen Gelehrten des 19. Jahrhunderts vor sich hat, eine Persönlichkeit, mit der kollegialisch zusammenzuwirken Männern wie Hasse und Böcking unerträglich werden mußte — wennschon diese in den dadurch hervorgerufenen Konflikten zum Teil wohl auch zu übermäßiger Schärfe und überheblicher Haltung sich mögen haben hinreißen lassen. Außer durch sein Dasein wird Mackeldey sie kaum dazu gereizt haben, die Gerechtigkeit muß man ihm lassen: er blieb einfach schlecht und recht bemüht, seine Vorlesungen und sein Lehrbuch fortzuführen, mit vollem äußeren Erfolge, brauchbare Gutachten liefernd, in Verwaltungsgeschäften gewandt, einer hohen Obrigkeit gern zu Diensten, es sei denn, daß man ihn etwas lange auf erwartete Ordensauszeichnungen u. dgl. warten ließ. Kurz, ein Pandektist, wie er ein Menschenalter früher jeder Fakultät wenn nicht zur Zierde, so doch zum Nutzen gereicht haben würde. Sein Unglück war, daß er in diese wissenschaftlich mächtig vorwärts strebende Zeit der historischen Schule hineinkam.

Als erster voll berechtigter Vertreter dieser Zeit und Schule erschien dagegen in Bonn zum Wintersemester 1821/22 Johann Christian Hasse, den das Ministerium bewogen hatte, behufs Sanierung der Bonner Verhältnisse die Versetzung hierher aus dem Berliner Ordinariate anzunehmen. Eine wissenschaftliche Persönlichkeit von strengstem Ernst der Gesinnung und hohem Range der Begabung, ergriff er sofort mit fester Hand auch [1]) die romanistischen Vorlesungen; und wenn er dafür auch Anziennitätsprivilegium und damit den „großen Haufen" bei dem von dem Kuratorium geschützten Mackeldey lassen mußte, so zog er doch alsbald einen engeren Kreis wissenschaftlich gerichteter Studierender, auch aus dem Auslande, an sich. In naher Verbindung mit Niebuhr begründete er 1827 das „Rheinische Museum", das gleichzeitig lateinische Philologie und römische Jurisprudenz — nach Niebuhrs Vorwort „Mittelpunkt der Rechtswissenschaft" — wissenschaftlich pflegen sollte. Von seiner Berufung hierher datiert

---

[1]) Formal war er Nachfolger von Mittermaier, war daher als Germanist fachmäßig eingereiht und dazu in gleich hohem Maße legitimiert durch seine Studien zum ehelichen Güterrecht.

das wissenschaftliche Übergewicht der historischen Schule an der Bonner juristischen Fakultät, die infolgedessen lange Zeit hindurch geradezu nächst Berlin als der zweite Hauptstütztpunkt und Sammelort dieser Schule (im eigentlichen Schulsinne) gegolten hat.

Zunächst fand sie weitere Förderung durch die Berufung (1823) von August Wilhelm Heffter, der sich durch seine philologisch-geschichtliche Arbeit über die athenische Gerichtsverfassung (v. 1821) bekannt gemacht hatte, ,,für Prozeßtheorie, die Praktika und die Geschichte der bestehenden Rechte und Rechtsverfassungen". In seinen zivilprozessualen Vorlesungen legte er stets die Geschichte des römischen Zivilprozesses zugrunde, hielt auch öfters zivilistische Übungen [1]) und hat so auf unseren Studiengang wesentlich förderlich eingewirkt, bis er am 22. Februar 1830 nach Halle versetzt wurde.

Sodann führt die wissenschaftliche Belebung zu zwei bedeutsamen [2]) Habilitationen: im Jahre 1824 von Eduard Puggé, der, ganz der historisch-philologischen Richtung ergeben und Hasses Ansprüchen voll genügend, zu den schönsten Hoffnungen berechtigte; im Jahre 1826 von Karl Ludwig Arndts, dem berühmt gewordenen Pandektisten, für dessen Erstlingsarbeiten Hasse gegen absprechende Urteile der Kollegen warm und scharf eintrat [3]). Die beiden stellen zusammen, in verjüngter Form, wieder eine Variation unseres Doppelmotives dar.

Namentlich aber gewann die historische Schule die absolute Herrschaft und glänzendste Entfaltung in Bonn, als sich zwei ihrer bedeutendsten Vertreter freiwillig, und zunächst sogar ohne Gehalt, aus Berlin hierher versetzen ließen: von Bethmann-Hollweg als ordentlicher Professor für Zivilprozeß (30. Januar 1829), der nächste Freund und Geistesverwandte von Savignys, so recht der Mann, die geschichtlich vertiefende Behandlung des Zivilprozesses, wie sie von Heffter gegenüber dem alten Schlendrian eingeführt worden war, in Gang zu halten, aber auch

---

[1]) So im S. S. 1824 über die 12 Tafeln, W.S. 24/25 Zivilpraktikum, S.S. 1825 über den Titel de actionibus, S.S. 1826 über Gajus, Buch IV.
[2]) Im Gegensatze zu einigen wenig ergiebigen älteren.
[3]) Besonderer Bericht von Hasse in den Personalakten der Fakultät über Arndts.

für reine Zivilistik berufen und anhaltend tätig[1]); und Eduard Böcking, damals zum Meister der gemeinrechtlichen Dogmatik sich durchzuringen im Begriff, bestimmt, uns auf die Dauer zu verbleiben, wennschon er zunächst nur als außerordentlicher Professor hierher kam (20. Juli 1829), um für seinen erkrankten Freund Puggé einzuspringen. — So waren die Dinge im besten Gedeihen, als Hasse, der geistige Mittelpunkt dieses ganzen Kreises, durch einen jähen Tod im frühen Mannesalter aus voller Schaffenskraft hinweg der Fakultät entrissen wurde, 18. November 1830.

Statt nun eine entsprechende Ersatzberufung vorzunehmen, verteilte man seine Vorlesungen unter sich und ließ nur bei der Gelegenheit dem Schwiegersohn des Verstorbenen, Puggé, ein kleineres Ordinariat zukommen, indem man von ihm abermals berichtete, daß man von ihm „Vorzügliches" erwarte. Er war aber damals schon schwer leidend und das tragische Geschick seiner Familie steigerte sich zu seinem freiwilligen frühen Hinscheiden (5. August 1836). — So kam es, daß, als am 24. Oktober 1834 Mackeldey starb, die Fakultät auf vier Ordinariate (einschließlich Mackeldeys) mit zusammen 4100 Talern Gehalt heruntergekommen war[2]), von kurz vorher 6 Ordinariaten mit zusammen 5600 Talern Gehalt, nicht ohne eigene Schuld[3]). So kam es aber auch, daß das Kuratorium der nun vorgeschlagenen Beförderung von Böcking zum Ordinarius sich entschieden widersetzte, um nicht die historische Richtung zur Alleinherrschaft kommen zu lassen. Die Idee, statt dessen Wächter zu berufen, war offenbar glänzend, sie würde zu einer wirklich erfreulichen Wiederherstellung des Gleichgewichts beider Richtungen geführt haben — wenn sie nur gelungen wäre. Erst nachdem Wächter am 15. Februar 1835 endgültig abgelehnt hatte[4]), gelang es, Böcking das Ordinariat zu verschaffen — zunächst bloß für das Fach des evangelischen

---

[1]) Über ihn s. auch Max Lenz, Gesch. d. Univ. Berlin, 2, 1, 209fg.

[2]) Es waren: Mackeldey 1500 Taler, Walter 1100, Bethmann-Hollweg 800 (die er ganz zur Unterstützung armer Studierender verwandte), und Puggé 700 Taler. (Bericht von Hüllmann an das Ministerium v. 20. Nov. 1834, a. a. O. Vol. VII.)

[3]) Vgl. Ministerialverfügung an die Fakultät v. 18. April 1831, Gegenvorstellung der Fakultät v. 20. Juni 1831, a. a. O. Vol. VI.

[4]) Kuratorialakten a. a. O. Vol. VII.

Kirchenrechts¹), erst nach Puggés Tode unter Eintritt in den Vollbesitz der zivilistischen Lehrfächer.

Auf diese Weise gelangte dann endlich der Mann in die engere Fakultät, der Jahrzehnte hindurch eines ihrer höchstangesehenen Mitglieder und ihre wissenschaftliche Leuchte gewesen ist. Mit französischem Recht, Kirchenrecht, Strafrecht hatte er sich bisher wesentlich durchschlagen müssen und blieb auch zum Teil weiter damit belastet, obschon als Romanist ein Gelehrter von Weltruf, als Historiker, Philologe und scharfsinniger Dogmatiker gleich ausgezeichnet. Dabei war er ein Mann von allgemeinster Bildung, von ausgeprägtester Eigenart und Schärfe, in den Ansprüchen höchster Wissenschaftlichkeit gleich rücksichtslos sich und anderen gegenüber, ein grimmiger Feind aller Nachsicht für Mittelmäßigkeit und Ungenauigkeit. Und neben einen solchen Mann tritt nun, als Gegenspieler traurigster Variation, ein Carl Sell.

Am 19. Juni 1839 hatte von Bethmann-Hollweg dem Ministerium berichtet, daß seine Verhältnisse ihm nicht länger gestatteten, den Aufgaben seiner Professur voll gerecht zu werden; er stellte deshalb sein Gehalt für eine Neuberufung zur Verfügung. Dafür brachte er in Vorschlag: Puchta — Blume — Ribbentrop, die Fakultät ihrerseits Francke — Ribbentrop — Arndts, für dessen Rückberufung aus Breslau²) gewiß vieles sprach. Statt eines von ihnen wird Carl Sell am 20. Januar 1840 zum ordentlichen Professor für römisches Recht an unserer Fakultät ernannt, um ihr bis zu seinem Tode (23. Juli 1879) zu verbleiben. Daß sich gleichzeitig bei uns Bernhard Windscheid habilitierte, ist ein schwacher Trost: er hat nur wenige Semester³), allerdings mit besonderem Erfolge, über römisches und französisches Recht bei uns gelesen und uns, kaum daß er nach längerem Urlaub zum außerordentlichen Professor befördert war (19. Juni 1847), schon im Herbst desselben Jahres wieder verlassen. Sein Aufstieg fällt erst in die folgenden Jahre, nur etwa seinen glorreichen Namen dürfen wir diesen Seiten einfügen.

¹) Mit 500 (!) Taler Gehalt, Kabinettsorder vom 26. April 1835.
²) Dorthin war er, Ende 1836 bei uns zum Extraordinarius befördert, am 28. Nov. 1838 als Ordinarius versetzt worden.
³) Nämlich vom Habilitationsabschluß, 14. Mai 1840, bis zum Urlaubsantritt S.S. 1845.

So tritt denn nun, von 1840 ab, nach einigen Durchkreuzungen und Verwerfungen, das alte Doppelmotiv wieder klar hervor, indem Böcking und Sell die beiden Rollen nebeneinander, und zwar fast dreißig Jahre hindurch nebeneinander, innehaben. Aber freilich: die Ernennung von Sell, erfolgt wie sie ist gegen Willen und Protest der Fakultät, auf einseitigen Vorschlag des Kurators Rehfues hin[1]), war ein unglaublicher Mißgriff. Mit der Ernennung von Mackeldey, für die immerhin ihrer Zeit manches sprach, kann sie gar nicht verglichen werden, weder nach Maßgabe der zur Auswahl verfügbaren Kräfte, noch nach den beiderseitig im Augenblick der Berufung vorliegenden wissenschaftlichen Leistungen. Sie ist nur zu erklären aus einer gewissen, vielleicht greisenhaften Halsstarrigkeit von Rehfues, der immer noch meinte, nicht sowohl dem Historiker einen Dogmatiker, sondern der historischen Schule einen Praktiker gegenüberstellen zu müssen. So verfiel er schließlich in die Vorstellung, es müsse stets neben einem bedeutenden, für die Wissenschaft, für den Ruf der Fakultät und für einzelne höherstrebende Studierende tätigen wahren Gelehrten ein Vulgarisator für den großen Haufen dastehen, der „in Mackeldeys Weise lehre". Bekam man dafür keinen Mittermaier oder Wächter, so nahm man einen Mackeldey oder Carl Sell. Die Warnung der Fakultät, die schon nach Puggés Tode betont hatte, dieser habe „mit einer eigentümlichen Kraft

---

[1]) Rehfues rühmt in seinem Bericht v. 2. Sept. 1839, nachdem er Ribbentrop als einen der Göttinger Sieben abgelehnt hat, Sell, der ihn für sich durch einen Privatbrief vom 13. Januar 1837 zu interessieren verstanden hatte, als tüchtigen Juristen und guten Dozenten. Seine Vorlesungen seien sehr besucht, sein Vortrag allgemein ansprechend, im Leben werde er als gewandt und gefällig gerühmt, der Vorwurf eines gewissen Maßes von Selbstgefühl dürfe dem jung Erfolgreichen um so mehr verziehen werden, „da es auch Schutz gegen das Versinken in geistigen Stillstand und sittliche Niedrigkeit gewährt". Auch sei „im staatspolizeilichen Punkt" zu bemerken, daß Sell mit dem Professor gleichen Namens, seinem Bruder Wilhelm, nicht verwechselt werden dürfe, sondern „von der politischen Seite für ganz rein gilt". — Der unmittelbar darauf in den Akten angeschlossene Protest der Fakultät hebt namentlich hervor, C. Sell habe sich schon 1834/35 an sie um Habilitation gewendet und sei damit abgewiesen worden. Die Vokation war aber damals schon, über die Fakultät weg, ergangen. Bericht von Rehfues an den Minister v. 19. Februar 1840. (Lebensdaten über Sell s. in der Chronik der Universität Bonn, Jahrg. 4.)

und Lebendigkeit des Geistes"¹) gelehrt, dafür gelte es Ersatz zu finden und dadurch erziehlich auf den Geist der Studierenden einzuwirken, verschallte ungehört. Dazu mochte es freilich wesentlich beitragen, daß andererseits Böcking ein gar zu erfolgloser Lehrer war. Selbst Rehfues' Nachfolger, Beseler, sicherlich kein grundsätzlicher Gegner mehr, konnte sich dem nicht verschließen. Er muß bemerken ²), Böcking gehöre zwar zu den wissenschaftlichen Zelebritäten der Universität, seine Unterhaltung sei anregend, aber seine Studenten zu fesseln mißlinge ihm, da sein Vortrag sich deren Fassungsvermögen nicht anpasse „und er ihnen in dem an sich lobenswerten Streben, denselben die juristischen Begriffe in ihrer vollen Schärfe einzuimpfen, bei mangelnder Wohlredenheit als ein trockener Pedant erscheint". Tatsache sei jedenfalls, daß die Zahl seiner Zuhörer von Jahr zu Jahr abnehme, den Rheinländern sei sein Wesen „geradezu antipathisch". Viel schärfer freilich noch äußert er sich über Sell, dessen nach allen Zeugnissen „sehr oberflächliche Vorträge" von der großen Masse belegt werden. „Die Folgen davon können keine glücklichen sein, und ich glaube nicht zu weit zu gehen, wenn ich annehme, daß die überaus dürftigen und oberflächlichen Kenntnisse, welche die meisten Juristen in der neuerdings veränderten Prüfung pro auscultatura bei dem Appellhofe in Cöln an den Tag legen, zum nicht geringen Teile auf Rechnung ihrer oberflächlichen Anleitung bei dem Studium des römischen Rechts zuzuschreiben (sic) sind." — Dazu komme endlich der unglückliche persönliche Gegensatz zwischen Böcking und Sell, der ihre kollegialen Verhältnisse vergifte, zu den ärgerlichsten Vorkommnissen führe „und die Moralität in der juristischen Fakultät untergraben hat". Wenn ein Mann wie Beseler, ein strenger Charakter und nordisch knapper Stilist, solche Worte gebraucht, muß es tatsächlich übel gestanden haben.

Dem konnte es auch nicht abhelfen, daß von Bethmann-Hollweg gewissermaßen als Abschiedsgabe (15. September 1842) Friedrich Blume (später geschrieben Bluhme) der Fakultät

---

¹) Bericht vom 23. August 1836.
²) Bericht vom 8. November 1864.

von Lübeck her gewonnen hatte. Denn ein so hervorragender Gelehrter und eine so bedeutende Persönlichkeit Bluhme auch war, so litt sein trockener und geistloser Vortrag doch an genau demselben Fehler wie der von Böcking. Zudem waren seine Nominalfächer deutsches Recht, Prozeß, Kriminalrecht (!) und protestantisches Kirchenrecht, er hat nur selten Pandekten, häufiger Geschichte des römischen Zivilprozesses gelesen und sich am meisten Verdienst um die Zivilistik noch durch Abhalten regelmäßiger romanistischer Seminarübungen erworben.

So waren die Zustände im Laufe dieser langen Jahre immer trauriger geworden [1]), zumal C. Sell mit dem Alter, weit entfernt, die Vorhersage von Rehfues (s. oben längere Note über ihn) zu rechtfertigen, immer mehr in wissenschaftliche und persönliche Erschlaffung verfiel, selbst den Studenten immer mehr ein Kinderspott wurde. In der Verzweiflung griff Beseler einmal sogar [2]) zu dem heroischen Mittel, vorzuschlagen, daß Theodor Mommsen in die philosophische Fakultät berufen werde, mit einer Honorarprofessur bei der juristischen Fakultät. Aber weder dieser Plan noch der gleichfalls einmal auftauchende einer Berufung von Jhering aus Gießen hatten Erfolg. Erst des greisen Walter Wunsch, von einem Teil seiner Vorlesungen entbunden zu werden (Fakultätsbericht darüber vom 16. November 1868), eröffnete andere Möglichkeiten. Nun schlug Böcking selbst, im Gefühle auch bei ihm nachlassender Kraft, eine romanistische Ergänzungsberufung vor, und zwar nannte er dafür Ad. Schmidt aus Freiburg, der denn auch (20. Januar 1869) ernannt wurde, aber nur die wenigen Monate des Sommersemesters 1869 hier blieb, da ihn uns alsbald ein Ruf nach Leipzig (entlassen 1. Oktober 1869) wieder entführte. Man wird das, da bekanntlich seine weitere Entwicklung entfernt nicht das hielt, was man von ihm allseitig erwartet hatte, nicht zu sehr beklagen dürfen; vollends nicht, da nunmehr Roderich

---

[1]) Woran natürlich selbst die Tüchtigkeit zweier Privatdozenten, Karlowa und Bremer, wenig zu ändern vermochte, um so weniger, als sie ihnen bald Berufungen nach auswärts verschaffte: Karl Franz Otto Karlowa, hier habilitiert 15. Nov. 1862, nach Greifswald 9. Nov. 1867, und Peter Franz Bremer, habilitiert 4. Juni 1864, nach Göttingen 18. März 1868.   [2]) Bericht vom 31. März 1861, a. a. O. Vol. XII, und vom 27. Mai 1861, ebenda; vgl. von Bezold a. a. O. 488 fg.

Stintzing, von der Fakultät vorgeschlagen, von dem Kurator eifrigst herangezogen, an seine Stelle trat.

Zum Sommer 1870 erschien S t i n t z i n g in Bonn. Er sollte den alternden Böcking, seinen Freund und Gesinnungsgenossen, unterstützen, kam aber eben nur recht, ihn zu bestatten († 3. Mai 1870). Er wurde nun sein Nachfolger; und er hat als solcher das Vertrauen, das sein Landsmann, Gönner und Freund Beseler in ihn gesetzt hatte, im höchsten Maße gerechtfertigt. Nicht nur, daß er, der Mann „reservierter und feiner Umgangsformen", wie sie Beseler ihm nachgerühmt hatte, es verstand, zu Sell ein äußerlich wohlanständiges Verhältnis aufrechtzuerhalten und dadurch den ganzen Zusammenhang der Fakultät zu kräftigen; es gelang ihm namentlich auch, die überwiegende Anzahl der Studierenden zu seinen Vorlesungen fest heranzuziehen. Dafür wurde es entscheidend, daß Stintzing an Stelle der bisher herrschenden Diktiermethode den freien Vortrag setzte, ohne doch der logisch scharfen Disposition noch der Strenge wissenschaftlicher Anforderungen das Geringste zu vergeben. Eine allgemeine Hebung der Fakultät trifft damit, entsprechend dem Geiste einer großen Zeit und dem politischen Aufschwunge, zusammen. Gegen den vorerwähnten armseligen Bestand — auch die Gehälter hatten eine zeitgemäße, wesentliche Aufbesserung erfahren — von vier Ordinarien im Jahre 1834 sind ihrer jetzt, im Sommersemester 1873, zehn vorhanden: Walter, Bauerband, Bluhme, Sell, Hälschner, von Schulte, Wach, von Meibom, von Stintzing und Hüffer. Dazu die drei Extraordinarien Nicolovius, Lörsch und Klostermann; freilich — eine deutliche Nachwirkung der vorangegangenen Stagnation — kein Privatdozent. Im September 1874 trat dann noch S i e g m u n d S c h o ß m a n n hinzu, auf ein neu begründetes Extraordinariat berufen, um möglichst auch für die zivilistische Unterweisung derjenigen Studierenden zu sorgen, die sonst auf den immer unmöglicher werdenden Sell angewiesen gewesen wären. Die Schöpfung dieser Stelle war im wesentlichen das Werk Beselers und seines energischen Eingreifens, das hier selbst vor der Abneigung Stintzings nicht haltmachte[1]). Die Möglich-

---

[1]) Kuratorialbericht vom 4. Januar 1874.

keit einer Vervollständigung des zivilistischen Kursus durch einen dritten, ergänzenden Vertreter, wofür man ja bisher schon durch die verschiedensten Aushilfemaßregeln so oft hatte sorgen müssen, war damit dauernd gesichert; und in Schloßmann gewann die Fakultät einen tüchtigen Rechtslehrer und scharfsinnigen Gelehrten, wennschon seine zersetzende Skepsis gegenüber allen altüberlieferten Begriffen die wissenschaftliche Zusammenarbeit mit einem streng konservativ gearteten Mann wie von Stintzing fast unmöglich machte.

Als dann am 23. Juli 1879 Sell gestorben war, wurde als sein Nachfolger August Bechmann von der Fakultät in Vorschlag gebracht und von der Regierung angestellt (3. November 1879). Damit waren nun endlich beide zivilistische Lehrstühle in mustergültiger Weise besetzt. Stintzing als großzügiger Historiker, Bechmann als tiefschürfender Dogmatiker, von diesen beiden aber auch, im Geiste der späteren historischen Schule, der erstere als scharf logischer Gestalter des gemeinen Rechts, der andere als gelehrter Kenner des römischen Rechts tätig und bewährt, beide beeindruckende, für die jungen Rechtsbeflissenen vorbildliche Persönlichkeiten — dazu die aufstrebende, geistige Umgestaltungsbedürfnisse der Gegenwart vorwegnehmende Kraft von Schloßmann — das war eine Fachbesetzung, die alle Wünsche erfüllte. So zeigt sich denn auch seit den siebziger Jahren das Wiederaufblühen der Zivilistik in der Fakultät darin, daß die eine Weile lang fast ganz aussetzenden Doktorpromotionen und Privatdozenten-Habilitationen wieder, wennschon noch immer in vorsichtig zurückhaltender Weise, eintreten. Namentlich Stintzing verstand es, bei aller ausgedehnten literarischen Produktion und allgemeinen Vorlesungstätigkeit, in persönlicher Anregung einen engeren Kreis von Jüngern um sich zu sammeln und zu wissenschaftlicher Arbeit anzufeuern. Aus dieser seiner Schule sind die Habilitationen von Paul Jörs (28. Oktober 1882) und von dem Verfasser dieser Zeilen (28. April 1883) hervorgegangen.

Von diesem Augenblicke ab halte ich es nicht mehr für angemessen, den Gang der Entwicklung im einzelnen zu verfolgen. Wohl aber darf, unter Festhalten unseres Grundthemas, abschließend noch darauf hingewiesen werden, wie es dabei dann wieder, nach

Stintzings jähem Tode (13. September 1883) und Bechmanns Abwanderung nach München (entlassen 28. Januar 1888), sowie nach einigen zum Teil weniger erfreulichen Nebengestaltungen[1]), zu einer ähnlich glücklichen Doppelbesetzung gekommen ist, seitdem neben den Dogmatiker Ernst Zitelmann der Rechtshistoriker Paul Krüger getreten ist, abermals ein leuchtkräftiges Doppelgestirn unserer Wissenschaft, beide einander wieder wesentlich in dem alten Sinne ergänzend. Dabei aber fällt durch den Geist der Gegenwart, je länger desto mehr, doch eher wieder ein gewisses Übergewicht der Dogmatik zu. Zitelmann, der verehrte Jubilar, dem diese Blätter gewidmet sind, erhielt, als er durch Ministerialverfügung vom 22. Dezember 1883 aus Halle hierher versetzt wurde, auf seinen Wunsch neben dem allgemeinen romanistischen Lehrauftrag den besonderen Hinweis, für exegetische und seminaristische Übungen in diesem seinem Fache, namentlich auch durch ein Pandektenpraktikum, zu sorgen — und jedermann weiß, wie er dieser Aufgabe gerecht geworden ist, wie daraus eine vollständige Umgestaltung von Lehrplan und Lehrmethode hervorgegangen ist, die immer noch stärker und weiter wirkt. Zitelmann ist es auch gewesen, unter dessen opferfreudigem Entgegenkommen endlich das alte Anziennitätsprivileg im zivilistischen Turnus gesprengt worden ist, gegen dessen belastenden Druck schon Hasse, aber vergeblich, sich aufgelehnt hatte. Und letztlich und vor allem war es Zitelmann, unter dessen Ägide der Übergang von der Dogmatik des alten gemeinen Rechts zu der des neuen deutschen bürgerlichen Rechts vollzogen worden ist. Mußte dabei auch die alte große, dogmatische Pandektenvorlesung fallen: Zitelmanns bleibendes weiteres Verdienst um unseren zivilistischen Unterricht ist es, daß die pandektenexegetische Übung in der Hand des Dogmatikers lebendig geblieben ist, daß sie nicht antiquarisch, sondern als Schulungsmittel für das Verständnis des geltenden Rechts gehandhabt wird und so dazu dient, wenigstens in etwas die „Pandekten" zu ersetzen, den Zusammenhang mit den großen Überlieferungen der gemein-

---

[1]) Z. T. veranlaßt durch Wiederaufleben der alten, jetzt von Berlin vertretenen Vulgarisationstheorie in der Person von Julius Baron, Professor in Bonn 1888—1893.

rechtlichen Wissenschaft zu erhalten. Wenn dem von der anderen Seite her die jüngste Gestaltung der rechtsgeschichtlichen Forschungsmethode durch auch didaktische Betonung der Rechtsvergleichung entgegenkommt, so darf daraus der Historiker unserer Wissenschaft freudig erkennen, wie durch die alte Doppelform hindurch immer neues wissenschaftliches Leben, in gegenseitiger Anregung und Durchdringung, sich mannigfaltig betätigt und das Gleichgewicht der Kräfte selbst gegen die Ungunst der Zeit wieder herzustellen stets frische Reize findet.

Printed by Libri Plureos GmbH
in Hamburg, Germany